AF452149

CATALOGUE

DE LA BELLE COLLECTION

DE

DESSINS

ANCIENS ET MODERNES

DES MAITRES

Français, Italiens, Espagnols, Flamands, Hollandais,
Allemands et Anglais

ET NOTAMMENT DES PRINCIPAUX MAITRES FRANÇAIS

DES XIIe ET XVIIIe SIÈCLES

COMPOSANT LE CABINET DE M. R***

DONT LA VENTE AURA LIEU

HOTEL DROUOT, SALLE N° 4

AU PREMIER ÉTAGE

Les Lundi 1er, Mardi 2 et Mercredi 3 Mars 1869

A DEUX HEURES PRÉCISES

Par le ministère de Me **ÉMILE LECOCQ**, Commissaire-Priseur,
rue de la Victoire, 20,

Assisté de M. **CH. ROUILLARD**, Expert, route de Versailles, 164,
à Billancourt (Seine).

EXPOSITION PUBLIQUE

Le Dimanche 28 Février 1869, de deux heures à cinq heures

PARIS — 1869

CONDITIONS DE LA VENTE

Elle sera faite au comptant.

Les Acquéreurs paieront CINQ POUR CENT en sus du prix d'adjudication.

NOTA. L'ordre des Vacations sera indiqué le jour de l'Exposition.

DÉSIGNATION DES DESSINS

ÉCOLE FRANÇAISE ANCIENNE

AUBRY

1 — Scène de famille.

> Aquarelle.

BACHELIER (P.-L.)

2 — Amours dans les nuages.

> Deux jolis dessins à la sanguine.

BARBIER (P.)

3 — Figure de femme endormie.

> Dessin à la sanguine.

BAUDOIN (P.-Antoine)

4 — Scène d'intérieur champêtre.

> Dessin à la plume et au bistre.

BESNARD

5 — Étude de jeune femme.

Dessin à la pierre noire.

BLANCHARD (Jacques)

6 — Enfance de Bacchus.

Dessin à la plume et sépia rehaussé de blanc.

7 — Sujet mythologique.

Dessin à la plume rehaussé d'encre de Chine.

BOICHOT (G.)

8 — Sujets divers.

Quatre dessins à la plume lavés d'encre de Chine et sépia.

BOILLY (Louis)

9 — Scènes d'inondation.

Deux magnifiques dessins à la plume, rehaussés de sépia. Ils
ont été gravés (collection de Villars). (Signés et datés.)

BOISSIEU (J.-J. DE)

10 — Costumes de paysans.

> Quatre dessins au pinceau, lavés d'encre de Chine.

11 — Portrait d'homme.

> Beau dessin à la plume, lavé d'encre de Chine, signé d'un monogramme.

BOUCHARDON

12 — Composition pour un fronton.

> Beau dessin à la sanguine.

BOUCHER (François)

13 — Têtes de chérubins.

> Superbe dessin aux trois crayons, de la plus belle exécution. (Il a été gravé.)

14 — Les Amours forgerons.

> Superbe dessin à la pierre noire rehaussé de blanc.

15 — Vénus sur des nuages tenant une flèche de la main droite et de l'autre un carquois.

> Dessin aux trois crayons, très-délicatement traité.

16 — Paysage avec figures près de l'arche d'un pont.

> Très-beau dessin à la sanguine, il a été gravé (collection d'Aigremont).

BOUCHER (François)

17 — La Musique personnifiée par une jeune fille.

Très-beau dessin aux trois crayons.

18 — Vénus tenant un carquois de la main droite.

Délicieux dessin aux trois crayons, d'une grande délicatesse d'exécution.

19 — Jupiter et Antiope.

Délicieux dessin au pinceau, rehaussé de blanc sur papier teinté. (Il a été gravé.)

20 — Paysage avec figures.

Beau dessin au crayon noir.

21 — Repos de Nymphes.

Très-joli dessin au crayon noir. (Il a été gravé.)

22 — Bacchanale.

Très-joli dessin à la gouache.

23 — Scène champêtre.

Composition pour un éventail.
Très-joli dessin au crayon noir.

4 — Vénus et Adonis.

Joli dessin au crayon noir. Projet de plafond pour le prince de Rohan, en 1738.

BOUCHER (François)

25 — L'Étude du dessin.

Jolie figure à la sanguine. (A été gravé.)

26 — Jeune paysanne et ses enfants.

Joli dessin au crayon noir, rehaussé de blanc, sur papier de couleur.

27 — Tête de jeune femme. Étude.

Beau dessin à la sanguine.

28 — Paysage avec figures.

Joli dessin à la pierre noire.

29 — Jeune fille et enfant.

Joli dessin à la sanguine.

30 — Danse champêtre.

Dessin à la sanguine. (Il a été gravé.)

31 — Tête d'étude de jeune femme.

Au crayon noir, rehaussé de blanc, sur papier teinté.

32 — La Mère de famille.

Dessin au pinceau, rehaussé de bistre. (Il a été gravé.)

33 — L'Agneau chéri.

Dessin au crayon noir. (Il a été gravé.)

BOUCHER (François

34 — Vénus et Adonis.

Projet de plafond, dessin à la pierre noire, rehaussé de blanc.

35 — Le Retour du marché.

Dessin à la sanguine.

36 — Paysage avec figures et jeune femme et ses enfants.

Deux dessins à la sanguine, contre épreuves.

37 — Paysage avec figures.

Dessin à la pierre noire.

38 — Paysage.

Dessin à la pierre noire.

39 — Paysage.

A la pierre noire, rehaussé de blanc, sur papier teinté.

40 — Études de baigneuses.

Croquis au crayon noir.

41 — Jeune femme assise tenant à son bras un panier rempli de fleurs.

Dessin au crayon noir, rehaussé de blanc.

42 — Jolie étude de femme et amour.

Crayon rehaussé, sur papier de couleur.

BOUCHER (François

43 — Villageois et son enfant.

Dessin au crayon noir, rehaussé de blanc, sur papier de couleur.

44 — Paysage avec figures de baigneuses.

Dessin à la pierre noire, rehaussé de pastel et d'aquarelle. (Signé et daté 1750.)

45 — Jeune fille surprise au bain.

Dessin à la pierre noire, rehaussé de blanc. (Signé.)

CARESME (Philippe)

46 — Bacchanale.

Très-belle gouache.

47 — Le Colin-Maillard.

Dessin à l'aquarelle, sujet grivois.

48 — L'Amour au cabaret.

Pendant du précédent. Dessin à l'aquarelle.

49 — Bacchanale.

Dessin à la plume, lavé d'encre de Chine.

50 — Danse villageoise.

Dessin à l'aquarelle et à la gouache. (Signé et daté.)

CHARPENTIER

51 — La Déclaration.

> Beau dessin au pinceau, lavé de sépia.

52 — La Marchande de glaces.

> Beau dessin à la plume, lavé d'encre de Chine.

COCHIN (C.-Nicolas

53 — Le Théâtre du monde où la folie préside.

> Très-beau dessin à la plume, lavé d'aquarelle.

DESFRICHES (Signé et daté 1759

54 — Le Moulin.

> Dessin au crayon noir, lavé de bistre.

DESRAIS

55 — Projet de Bannière.

> Sujet ayant trait à la première République française.
> Dessin à la plume, lavis d'aquarelle.

DETROY (Jean-François

56 — Télémaque et Mentor dans l'île de Calypso.

> Joli dessin à la plume et sépia.

DIVERS (Par)

57 — Études académiques. Figures d'hommes et de femmes, d'après nature.

DUMONT (Le Romain)

58 — Bacchanale. Fête au dieu Pan.

> Dessin à la pierre noire, rechaussé de blanc, sur papier teinté.

DROUAIS (Hubert)

59 — Jeune femme.

> Très-beau dessin à la sanguine.

DUPLESSIS

60 — Cavalier escortant un convoi près d'une entrée de ville forte.

> Très-beau dessin au pinceau, rehaussé de blanc, sur papier bleu.

DUPLESSIS

61 — Costumes divers.

> Soixante-dix-huit dessins à la plume sur une seule feuille.

ÉCOLE FRANÇAISE

62 — Projet de galerie, style Louis XVI.

Très-beau dessin à la plume, lavé d'encre de Chine.

63 — Fête donnée sous la première République.

Dessin capital à la plume, lavé d'aquarelle.

64 — Deux paysages.

À la pierre noire.

65 — Une Cascade.

Dessin à la gouache.

66 — Le Baiser villageois.

Dessin à l'aquarelle.

67 — Les Lavandières.

Dessin à la plume, lavé d'aquarelle.

EISEN (CHARLES)

68 — Le Temps ordonnant à l'Amour d'épargner l'innocence et la beauté.

Précieux dessin à la mine de plomb, chef-d'œuvre du maître. A été gravé.

69 — La Déclaration.

Joli dessin à la pierre noire.

70 — Scène pastorale.

Dessin à la pierre noire.

EISEN (CHARLES)

71 — Le Galant musicien.

>Dessin au crayon noir, rehaussé de blanc, sur papier bleu.

72 — Amours sur des nuages.

>Dessin à la sanguine.

ESCHARD

73 — Scène de Bohémiens.

>Dessin au crayon, lavé de bistre.

FRAGONARD (HONORÉ)

74 — Le Lever.

>Dessin au pastel, de la belle époque du maître.

75 — Le Sommeil.

>Dessin au pastel. Il ne cède en rien à son pendant comme qualité.

76 — Jeune femme et petit pêcheur près d'une fontaine monumentale.

>Très-beau dessin à la plume, lavé d'aquarelle.

FRAGONARD (Honoré,

77 — Le vieux Mendiant.

Très-beau dessin à la sanguine, de la plus belle époque du maître (collection d'Aigremont).

78 — Jeune femme s'apprêtant à puiser de l'eau.

Beau dessin à la plume, lavé d'aquarelle.

79 — Scène de carnaval.

Très-joli dessin au crayon, lavé de sépia.

80 — Deux Compositions. — Récréations champêtres.

Deux dessins au crayon, lavés de sépia et d'aquarelle.

81 — Sujet allégorique.

Dessin à la plume, lavé de bistre.

82 — Étude de costume.

Dessin au pinceau, lavé de sépia.

83 — Sujet mythologique.

Dessin à la sanguine, lavé de bistre.

84 — Baigneuses dans un paysage.

Dessin lavé de bistre.

85 — Diane au bain.

Dessin au pinceau, lavé de sépia.

FRAGONARD (Honoré,

86 — Scène de Marionnettes.

Contre-épreuve de dessin au crayon noir.

FRAGONARD (École de,

87 — Télémaque et Mentor dans l'île de Calypso.

Dessin à la plume, lavé de bistre.

GAMELIN (Charles,

88 — Soldats gardant des prisonniers.

Dessin au pinceau, lavé de bistre et rehaussé de blanc.

89 — Scène de corps de garde.

Pendant du précédent.

GÉRARD (Mlle,

90 — Le Chariot.

Dessin au crayon noir, rehaussé de blanc, sur papier bleu.

GILLOT

91 — Costumes de théâtre.

Croquis au crayon noir, rehaussé de blanc, sur papier teinté.

GILLOT (Attribué à)

92 — Fêtes champêtres.

Deux compositions à la pierre noire.

GRAVELOT

93 — Sujet fait pour une illustration.

Dessin lavé d'encre de Chine.

GREUZE (Jean-Baptiste)

94 — Le Départ pour la nourrice.

Splendide dessin au pinceau lavé, d'encre de Chine, peut-être
le plus beau du maître. (Il a été gravé.)

95 — La Belle-Mère.

Magnifique composition au pinceau, lavée d'encre de Chine et
rehaussée de blanc, et dont a parlé Diderot dans un de ses sa-
lons sur la peinture. Illustrée par la gravure.

96 — La Madeleine en prière, première pensée du célèbre tableau ayant appartenu au marquis
Maison.

Beau dessin aux trois crayons. (Collection Pérignon.)

97 — Tête d'expression, jeune fille.

Beau dessin à l'estompe, rehaussé de blanc.

GREUZE (Jean-Baptiste)

98 — Tête d'expression.

> Beau dessin à la sanguine.

99 — Première pensée d'une des figures du tableau du Louvre, le Fils maudit.

> Dessin à la sanguine.

100 — Jeune fille en pleurs.

> Joli dessin lavé d'encre; au verso, tête de jeune femme, à la sanguine (collection d'Aigremont).

101 — Vestale.

> Dessin à la plume, lavé d'encre de Chine, d'une grande force d'exécution.

102 — Allégorie.

> Dessin au pinceau, lavé d'encre de Chine.

103 — Jeune femme en prière (première pensée du tableau).

> Dessin aux trois crayons.

104 — Belle Etude de femme.

> Dessin aux trois crayons d'un beau modèle.

105 — Jeune servante.

> Dessin à la sanguine.

GREUZE (Jean-Baptiste)

106 — Première pensée d'une des figures de la Famille
de l'artisan.

Dessin à la sanguine.

107 — Figure de femme.

Dessin à la sanguine.

108 — Tête d'expression.

Contre-épreuve d'un dessin à la sanguine.

109 — La Douleur.

Contre-épreuve d'un dessin à la sanguine.

110 — Têtes de jeunes garçons.

Trois contre-épreuves de dessins à la sanguine.

111 — Tête de jeune femme.

Contre-épreuve d'un dessin à la sanguine.

112 — Têtes de paysannes.

Deux contre-épreuves de dessins à la sanguine.

HILAIR, 1785. (Signé.)

113 — Sujet turc.

Dessin très-capital, lavé de bistre.

HUE

114 — Paysage avec figure.

> Dessin à la pierre noire, rehaussé de blanc. Commandé par M. le duc de Chabot.

HUET (J.-B.). Signé et daté 1777

115 — La Poésie et la Musique.

> Dessin au crayon de couleur, rehaussé d'aquarelle. Précieux d'exécution.

116 — Paysage avec figures.

> Dessin au crayon noir, légèrement teinté de bistre. (Signé et daté 1784.)

117 — Paysage avec figures.

> Dessin à la plume, légèrement rehaussé d'aquarelle. (Signé daté, 1780 .)

118 — Paysage.

> Dessin au pinceau, lavé d'encre de Chine.

119 — La Déclaration.

> Contre-épreuve d'un dessin à la sanguine.

120 — Atelier d'artiste.

> Dessin au crayon, lavé d'encre de Chine. (Signé et daté 1789.)

HUET (J.-B.).

121 — Bergers gardant leurs troupeaux au bord d'une
rivière.

Peinture à la gouache.

122 — Le Colin-Maillard.

Dessin à la plume, lavé de sépia (Signé et daté 1782).

123 — La Surprise.

Croquis à la sanguine.

124 — Jeune mère et ses enfants, et Repos de la Vierge.

Deux dessins à la plume, lavés d'encre et de bistre. (Signés et
datés 1776 et 1789.)

125 — Petite fille et petit garçon tenant des fleurs dans un
panier (deux pendants).

Dessins aux trois crayons.

126 — Études de moutons.

Deux dessins, bistre et crayon noir.

127 — Petit paysan donnant à manger à des oiseaux.

Dessin au crayon, sur papier calque. (Signé et daté, 1777.)

128 — Jeune fille et enfant.

Pendant du précédent.

LALLEMAND

129 — Le Concert champêtre.

Très-beau dessin à la plume, lavé d'aquarelle

130 — Port de mer.

Gouache (Signée).

131 — Ruines romaines.

Dessin à l'aquarelle.

132 — Réunion galante.

Dessin à la plume, lavé d'encre de Chine.

133 — Danse dans un parc.

Dessin au crayon, rehaussé de lavis d'encre de Chine (charmante composition signée).

134 — Paysage. Clair de lune.

Dessin au lavis d'encre de Chine.

LEBRUN (D'après)

135 — Mlle de la Vallière en Madeleine.

Peinture à la gouache.

LEBRUN (Charles)

136 — Apollon conduisant son char. — Au verso, deux
Cavaliers.

Dessins au crayon noir, rehaussés de blanc, sur papier teinté.

LEBRUN-VIGÉE (Mme)

137 — Portrait de jeune Dame. — Au verso, Tête d'étude
de femme.

Dessin au crayon noir.

LECLERC (Sébastien)

138 — Assemblée de Docteurs.

Dessin à la plume, lavé d'encre de Chine.

LÉPICIÉ

139 — Hérodiade.

Très-beau dessin d'après un tableau de Solimène (collection
Gasc).

LEPRINCE (J.-B.)

140 — Le Passage du pont.

Très-beau dessin au pinceau, et lavé de sépia. (Signé et
daté 1777.)

LEPRINCE (J.-B.)

141 — Les Œufs cassés.

> Très-joli dessin à la plume, lavé de sépia (collection d'Aigremont).

142 — Vue de la rivière de Caen.

> Dessin au pinceau, lavé d'encre de Chine.

143 — Jeune Mère et ses Enfants.

> Croquis à la mine de plomb.

LOIR (Nicolas)

144 — David dansant devant l'Arche.

> Dessin à la plume et au lavis rehaussé de blanc.

MIGNARD (Pierre). Signé.

145 — Offrande à Diane.

> Dessin à la sanguine.

MOREAU

146 — Intérieur d'appartement. — Jeune femme appuyée sur une harpe

> Très-beau dessin à la plume, lavé de sépia.

MOREAU

147 — La Plantation de l'Arbre de Mai.

Dessin, plume et bistre. (A été gravé.)

148 — La Fête de Saint-Cloud.

(A été gravé.)

149 — L'Escarpolette.

Dessin à la plume lavé d'encre de Chine.

NATOIRE (Signé).

150 — Amours sur des nuages.

Dessin à la sanguine.

NOEL

151 — Vue prise en Italie.

Belle gouache.

OUDRY (J.-B.)

152 — Halte de chasse.

Dessin au crayon noir rehaussé de blanc. (A été gravé.) (Signé et daté 1745.)

OUDRY (J.-B.)

153 — Vue des Jardins d'Arcueil.

Pendant du précédent. (A été gravé.)

154 — Corbeille de fruits et Perroquet dans un paysage.

Peinture à la gouache.

155 — Intérieur de jardin avec puits rustique.

Peinture à la gouache.

156 — Oiseaux étrangers.

Peinture à la gouache.

157 — Oiseaux étrangers.

Pendant du précédent.

158 — Quatre Vues d'Arcueil.

Dessins à la pierre noire rehaussés de blanc sur papier bleu.

PARIZEAU

159 — Jésus guérissant les malades.

Dessin d'un bas-relief à la plume, lavé de bistre.

PARROCEL

160 — Amours jouant à la main-chaude.

Dessin au pinceau, lavé de bistre.

PATER

161 — La Diseuse de bonne aventure.

Dessin aux deux crayons (une des compositions les plus remarquables du maître).

162 — Cavalier pinçant de la mandoline.

Dessin à la sanguine (collection Van Os.)

163 — Étude de Femme couchée.

Dessin à la sanguine (collection Van Os)

164 — Étude de Costumes.

Dessin à la pierre noire.

165 — Soldat turc.

Dessin à la sanguine.

166 — Académie de Femme.

Dessin à la sanguine.

PIERRE

167 — Les Plaisirs de la pêche.

Joli dessin à la plume, lavé d'encre (collection d'Aigremont).

168 — Scène de comédie.

Dessin à la plume, lavé d'encre de Chine et rehaussé de blanc, sur papier teinté.

PILLEMENT (Jean). Signé et daté 1793

169 — Site rocheux avec cascade, orné de figures.

Dessin au crayon noir.

PORTAIL

170 — Étude de costume d'homme.

Dessin aux deux crayons.

POUSSIN (Nicolas)

171 — Les Trois Grâces.

Charmant dessin à la plume, lavé d'encre (collection d'Aigremont).

POUSSIN Attribué à (Nicolas)

172 — Saint Jean prêchant dans le désert.

Dessin à la plume et lavé d'encre.

PRÉVOST (J.-L.). Signé et daté

173 — Vingt-deux Etudes, d'après nature, de fleurs et fruits.

Dessins à l'aquarelle et à la gouache. (Seront divisés.)

QUÉVERDO

174 — Le Colin-Maillard.

> Délicieux dessin à la plume, lavé d'encre de Chine et rehaussé de blanc, sur vélin.

ROBERT (Hubert)

175 — Escalier et Vestibule de Temple antique avec figures.

> Beau dessin à la plume, rehaussé d'aquarelle.

176 — Ruines avec figures.

> Beau dessin à la plume, lavé de sépia.

177 — Fontaine près de l'escalier d'un palais avec figures.

> Joli dessin à la plume, lavé d'aquarelle.

178 — L'Ermite en prière.

> Dessin à la plume, lavé de sépia.

179 — Bergers faisant boire leurs troupeaux sous l'arche d'un pont.

> Dessin à la plume, lavé d'encre de Chine. (Signé et daté 1773.)

180 — Monuments en ruines près d'une rivière, avec figures de laveuses et de bergers conduisant leurs troupeaux.

> Dessin à la plume, légèrement teinté d'aquarelle. (Signé et daté 1773.)

181 — Six Paysages: vues d'Italie.

> Dessins à la sanguine et à la mine de plomb. Contre-épreuves.

RUE (DE LA)

182 — Offrande à l'Amour.

Superbe dessin à la plume, lavé de bistre.

183 — La Partie de pêche.

Joli dessin à la plume, rehaussé de sépia.

184 — L'Autel de l'Amour.

Très-joli dessin à la plume, lavé de bistre.

185 — Chasse au lion.

.Charmant dessin à la plume, lavé d'aquarelle.

186 — Chasse au tigre.

Charmant dessin à la plume, lavé d'aquarelle.

187 — Cérémonies en Italie. Deux pendants.

Dessins à la plume, lavés d'aquarelle.

188 — Nymphes et Satyres.

Trois dessins à la plume, lavés d'encre de Chine.

SAINT-AUBIN (GABRIEL DE)

189 — La Déclaration.

Magnifique dessin digne du plus beau faire de Fragonard (aquarelle).

190 — Ballet des Fées rivales (Italiens).

Magnifique dessin à la plume, lavé d'encre de. Chine (collection Perignon) ; au verso, têtes d'anges et groupes de danseurs.

SAINT-AUBIN (Gabriel de)

191 — Ragonde ou la Veillée de village.

Très-belle gouache originale d'une grande vigueur de ton.

192 — Matathias.

Très-beau dessin à la plume, rehaussé d'aquarelle (collection Pérignon.)]

193 — Le Ballet d'Appelle et Campasme (par Noverre), et la Serva Padrona.

Deux délicieux dessins à la plume et au pinceau, rehaussés d'aquarelles, signés et datés 1776 (collection de Villars).

194 — Jeune femme tenant un miroir entouré de fleurs.

Ce précieux dessin est digne de Watteau, il en a toute la grâce, la finesse et la fermeté, collection d'Aigremont.

195 — Jeune femme en déshabillé.

Très-joli dessin à la mine de plomb (collection de St-Albin).

196 — Le Triomphe de la Peinture.

Très-joli dessin, d'une grande finesse d'exécution, à la mine de plomb (collection Pérignon).

197 — Monument élevé à Boussard.

Joli dessin au crayon rehaussé d'aquarelle.

198 — La Lecture dans le parc.

Joli dessin au crayon légèrement lavé d'aquarelle.

199 — La Leçon de dessin.

Dessin au crayon noir.

SAINT-AUBIN (Gabriel de)

200 — Le Ballet des Marmottes (aux Italiens).

Dessin au crayon noir (collection Pérignon).

201 — La Reine Marie-Antoinette et le Roi Louis XVI.

Deux dessins au crayon, lavés d'encre de Chine et de bistre (collection Perignon).

202 — Les Cordeliers de Catalogne.

Dessin à la pierre noire (collection Perignon).

203 — Frontispice pour un ouvrage de théologie.

Dessin aux deux crayons.

SAINT-AUBIN (Augustin de)

204 — Études de Femmes.

Dessin à la plume et au crayon.

205 — Études de Femmes. 4 croquis sur la même feuille.

Dessins à la mine de plomb.

206 — Études de Femmes.

Dessin à la mine de plomb.

SAJOU (1760)

207 — Projet de Fontaine.

Superbe dessin à la plume, lavé de sépia.

SANÉ (Signé et daté 1765)

208 — Bacchanale.

Dessin à la plume et au bistre, rehaussé d'aquarelle et de blanc.

SARAZIN

209 — Paysage aux trois crayons.

SWEBACH

210 — Cavaliers.

Deux dessins au crayon noir, sur la même feuille (collection Pérignon).

211 — Lancier montant à cheval.

Dessin au crayon noir (collection Pérignon).

212 — Jockey tenant en bride deux chevaux de selle.

Dessin à la mine de plomb (collection Pérignon).

TRINQUESSE (Signé et daté 1778)

213 — Portrait du comte d'Artois, depuis Charles X, en costume de chasseur.

Dessin à la sanguine.

VALENCIENNES

214 — Paysage : site d'Italie.

Dessin à la plume, lavé de bistre,

VAN LOO (Carle)

215 — Amour tenant une draperie.

Dessin à la plume, lavé d'encre.

216 — Portrait d'Homme.

Dessin aux deux crayons (collection Villot).

VERDIER

217 — Enfance de Bacchus.

Beau dessin au crayon noir, rehaussé de blanc et lavis.

218 — Vénus implorant Jupiter.

Joli dessin au crayon noir, et rehaussé de lavis et de blanc.

219 — Mars et Vénus.

Jolie composition au crayon noir, rehaussé de blanc et lavis.

220 — Episodes de la vie d'Alexandre-le-Grand.

Deux dessins à la pierre noire, rehaussés de blanc.

221 — Une Sainte recevant la couronne du martyre.

Dessin à la sanguine, rehaussé de blanc.

VERNET (Carle)

222 — Les Marionnettes.

Beau dessin à la plume, lavé d'aquarelle.

VINCENT

223 — Tête de Femme.

Dessin aux deux crayons.

WAILLY (DE). Signé

224 — Sacrifice antique dans un Temple.

Dessin à la plume et au bistre.

WATTEAU (ANTOINE)

225 — Études de Costumes de femmes.

Beau dessin à la sanguine.

226 — Un Berger apporte une couronne de fleurs à une bergère endormie. — L'Amour semble vouloir l'empêcher de l'éveiller.

Beau dessin aux trois crayons.

227 — Joueur de musette.

Dessin à la sanguine.

228 — Musicien assis.

Dessin à la sanguine.

WATTEAU (Attribué à ANTOINE).

229 — Un des groupes du Voyage à Cythère.

Dessin au crayon noir et à la sanguine.

WATTEAU (École de)

230 — Une Dame debout.

Dessin à la mine de plomb.

231 — Cavalier faisant sa cour.

Dessin à la sanguine.

WATTEAU (DE LILLE)

232 — Costumes de Femme.

Quatre dessins admirablement exécutés à l'aquarelle. Ce lot sera divisé.

WILLE (GEORGES). Signé et daté 1777

233 — La Souris.

Très-beau dessin lavé d'encre et de bistre.

234 — La Halte. Paysage avec figure.

Beau dessin à la plume, lavé d'encre (collection Gasc).

235 — Jeune Paysanne étendant du linge près d'une ferme.

Très-beau dessin à la plume, lavé d'encre de Chine.

ÉCOLE FRANÇAISE MODERNE

ANDRIEUX

236 — Scène de carnaval.

Aquarelle.

ANDRIEUX et LORSAY (Eustache)

237 — Deux Dessins. Sujets divers.

AUDRAN (Signé et daté 1848)

238 — Le Golfe de Naples.

Dessin rehaussé d'aquarelle.

BEAUMONT (E. de)

239 — Scène de Mœurs.

Dessin au crayon rehaussé de lavis.

BELLANGÉ (Hippolyte)

240 — Épisodes du 1er Empire.

Quatre dessins à la plume, rehaussés de sépia.

BELLANGÉ (HYPPOLYTE). (D'après)

241 — La Halte.

Aquarelle.

BESSON (FAUSTIN)

242 — Projet de plafond. Première pensée du plafond de
de la chambre à coucher de S. M. l'Impératrice
(aux Tuileries).

Aquarelle.

CHAPLIN (CHARLES)

243 — L'Oiseau envolé.

Joli dessin au crayon, rehaussé de pastel.

244 — Jeune Femme debout.

Croquis au crayon, rehanssé de pastel.

245 — Jeune Femme à sa toilette.

Dessin au crayon, rehaussé de pastel.

COIGNET (JULES)

246 — Marine.

Dessin à la mine de plomb.

COTTIN

247 — Chien de garde dans un poulailler.

Joli dessin au crayon, rehaussé de blanc.

248 — Un Poulailler.

Très-joli dessin au crayon, rehaussé de blanc.

CRADY (Du Moulin)

249 — Le Bateau de blanchisseuse.

Dessin à l'aquarelle.

DAVID (G.)

250 — Une Châtelaine et son page.

Aquarelle.

DAVID (Louis)

251 — Les Sabines.

Première pensée du célèbre tableau se trouvant au Musée du Louvre.

Dessin à la plume, lavé d'encre de Chine.

DECAMPS (Signé D.-C.)

252 — Paysanne du midi de la France.

Dessin à l'aquarelle.

DELACROIX (Eugène)

253 — Deux Dessins à la mine de plomb.

254 — Études de Femmes.

Croquis à la mine de plomb, d'après Rubens.

255 — Sept Croquis d'après les maîtres anciens.

A la plume et au crayon.

DELAROCHE (Paul)

256 — Napoléon Ier à cheval.

Dessin au crayon noir.

DELIERRE (Signé)

257 — Paysan assis.

Dessin aux trois crayons.

DREUX (A. de)

258 — Etude de cheval.

Aquarelle.

DIVERS (Par)

259 — Vues de Normandie et autres.

Aquarelle.

DUPUIS

260 — L'Alsacienne.

Étude au crayon et estompe. (Signé et daté 1849.)

ÉCOLE FRANÇAISE

261 — Danse de Nymphes.

Joli dessin au pinceau, rehaussé de b'anc et lavé d'encre de Chine.

FINART (Dieudonné)

262 — Costumes de Femmes et sujets-divers.

Vingt dessins à l'aquarelle. Ce lot sera divisé.

FLERS

263 — Cinq Paysages.

Au crayon noir, rehaussés blancs. (Seront divisés.)

FLERS

264 — Paysages.

Deux dessins au crayon noir.

265 — Paysage : marine.

Dessin au crayon noir.

FLEURY

266 — Sainte Thérèse.

Dessin au lavis, rehaussé de blanc. (Il a été gravé.)

FORT (SIMÉON)

267 — Paysage.

Aquarelle.

FRANTZ

268 — Marine.

Aquarelle.

GAVARNI

269 — L'Aumône.

Dessin au crayon noir.

GÉRICAULT

270 — Têtes d'études de la Méduse.

Dessin au crayon noir (collection Pérignon).

GRANDVILLE

271 — Satyre des ministres du gouvernement sous Louis-
   Philippe.

   Dessin au lavis d'encre de Chine.

GRANET

272 — Moine prêchant dans la cour d'un couvent.

   Dessin à la plume, lavé de bistre.

GRENIER

273 — Scène de carnaval.

   Aquarelle.

GROS (J.)

274 — Bataille de l'Empire.

   Deux sépias.

GUDIN (THÉODORE). Signé

275 — Marines.

   Deux dessins à la sépia.

HÉROULT

276 — La Leçon de lecture.

Dessin à l'aquarelle.

LACOSTE

277 — Une Châtelaine et son page.

Dessin à l'aquarelle.

LAMI (Eugène)

278 — Mort de Rapp. — Poniatowski.

Deux dessins plume et sépia.

LAZERGES

279 — Figure de Femme.

A l'estompe, rehaussé de blanc.

LEBAS, GIGANTI-LEMERCIER (H.)

280 — Quatre Aquarelles, par divers.

LELOIR

281 — Sainte Catherine. — Saint Louis. — Sainte Gene-
viève.

Miniature.

LESPINASSE

282 — Jupiter et Junon devant l'Olympe.

Pastel.

283 — L'Enlèvement des Sabines.

Pastel.

284 — Vénus et l'Amour.

Pastel.

285 — Le Zéphir et l'Amour.

Pastel.

286 — Descente de Croix.

Pastel.

287 — Mort d'un Chevalier.

Pastel.

288 — Scène de Cabaret.

Pastel.

289 — Le Christ à la Colonne.

Pastel.

290 — Six Figures de Femme d'après nature.

LESPINASSE

291 — Une Sainte Martyre.

Estompe rehaussée de blanc.

292 — Figures de Femme, d'après nature.

Deux dessins aux trois crayons.

293 — Figure de Femme.

Estompe rehaussée de blanc.

294 — Figure d'après nature.

Trois dessins aux trois crayons et pastel.

LESSORE

295 — Paysage.

Aquarelle.

LEWEN (MAC)

296 — Jeune Femme.

Aquarelle.

LHUILLIER (CHARLES)

297 — La Légion étrangère.

Aquarelle.

MALAPAU ET LE POITEVIN

298 — Paysage et Marine.

Deux sépias.

MARILHAT

299 — Etude de Palmier.

Dessin aux trois crayons.

MARTINET

300 — Le Meunier, son fils et l'âne.

Dessin lavé de bistre.

MORIN (E.)

301 — Paysage.

Aquarelle.

PALLIÉRE

302 — Huit figures d'après nature et l'antique.

Dessins au crayon noir et à l'estompe.

PERROT

303 — Scène de naufrage.

> Aquarelle.

POLIGLÈSE (Langlois).

304 — Un Matelot.

> Beau dessin à l'aquarelle.

PONCE CAMUS

305 — Napoléon Ier visitant le tombeau du grand Frédéric.

> Dessin à la plume, lavé de bistre et rehaussé de blanc.

306 — Napoléon Ier recevant les supplications d'une ville conquise.

> Dessin au pinceau, lavé de bistre et rehaussé de blanc.

PRUD'HON (École de)

307 — Mort de Cléopâtre.

> Dessin à l'estompe, au crayon noir et rehaussé de blanc.

REDOUTÉ

308 — Bouquet de roses.

> Aquarelle.

RIOULT (Signé et daté 1830).

309 — Jeunes filles au bain.

Deux dessins au lavis, rehaussés de blanc.

ROGER

310 — Deux Paysages.

Aquarelle.

SASSE (Professeur de la duchesse de Berri).

311 — Paysages.

Deux aquarelles.

312 — Vue de Londres et étude de forêt.

Deux aquarelles.

313 — Paysage et marine.

Deux aquarelles.

314 — Paysage et marine.

Deux aquarelles.

315 — Marine et paysage.

Deux aquarelles.

316 — Deux aquarelles idem.

317 — Deux aquarelles idem.

SASSE (Professeur de la duchesse de Berri).

318 — Deux aquarelles idem.

319 — Marine.

Aquarelle.

TESSON

320 — La Marchande de poisson.

Dessin à l'aquarelle.

THIENON

321 — Sujets de genre.

Deux aquarelles.

THUILLIER (Pierre). Signé

322 — La Grotte de Pausilipe (Naples).

Dessin à la pierre noire, rehaussé d'aquarelle.

323 — Vue prise à la Grande-Chartreuse de Grenoble.

Dessin à la mine de plomb.

324 — Vue du Vésuve.

Dessin au crayon noir, rehaussé de blanc.

325 — Six Croquis d'après nature, en Italie.

Au crayon, lavés de sépia et encre de Chine.

TROYON (C)

326 — Etude de Vache.
>Dessin au crayon noir, rehaussé de blanc, sur papier gris.

327 — Vaches au repos.
>Deux dessins aux trois crayons, sur papier teinté.

328 — Etude de Vache.
>Dessin aux deux crayons, sur papier gris.

329 — Les Cascades du parc de Saint-Cloud.
>Dessin au crayon noir, rehaussé de blanc, sur papier teinté.

VALLOU (de Villeneuve)

330 — Jeunes filles au bord de la mer.
>Dessin rehaussé d'aquarelle.

331 — La Captive.
>Dessin aux trois crayons.

VOLLON

332 — Vue de Paris
>Dessin aux trois crayons.

VILLEVIELLE

333 — Une Forêt d'hiver.
>Étude au pastel.

VILLEVIEILLE

334 — Soleil couchant.
    Aquarelle.

VEYRASSAT

335 — Deux Dessins, sujets divers.

336 — Quatre Dessins à l'aquarelle et crayon rehaussé (sujets divers).

337 — Héloïse et Abeilard.
    Aquarelle.

WATTIER (ÉMILE).

338 — Deux Etudes de femmes.
    Aux trois crayons.

ÉCOLE ITALIENNE

ALBANE (L.)

339 — La Naissance de la Vierge.

Superbe dessin à la plume, rehaussé de lavis.

AREZZO (Georgio d')

340 — Les Noces de Cana.

Très-beau croquis à la plume (collection d'Aigremont).

BACCIO BANDINELLI

341 — Beau Dessin à la plume.

(Collection d'Aigremont).

BARTHOLOMEO (Fra)

342 — La Vierge, l'Enfant Jésus et saint Jean.

Beau croquis d'une grande manière (collection Van Os).

BILIENA

343 — Intérieur de vestibule d'un temple.

Très-beau dessin à la plume, lavé de bistre.

BUONACORSI (Périno del Vaga)

344 — Mars et Vénus.

Beau dessin à la plume, lavé de bistre (collection Gasc).

CANDIDE (Pierre)

345 — Le Christ mort et les Saintes Femmes.

Très-beau dessin à la plume, rehaussé de blanc, sur papier de couleur (collection Mariette et d'Aigremont).

CANGIAGE

346 — Caïn et Abel, Mariage de sainte Catherine, Samson et Dalila, Mars et Vénus, et études diverses.

Cinq dessins à la plume (collection d'Aigremont).

CARRACHE (Augustin)

347 — Andromède.

Superbe dessin admirablement exécuté à la plume (collection d'Aigremont).

CARRACHE (Augustin)

348 — Vue prise en Italie.

Beau dessin à la plume et au bistre d'une grande vigueur.

349 — Un Ours enchaîné à un arbre.

Très-beau dessin à la plume (collection d'Aigremont).

CARRACHE (Louis)

350 — La Vierge entourée d'anges, apparaisant à un religieux.

Beau dessin à la plume, lavé de sépia (collection d'Aigremont).

CARRAVAGE (Michel-Ange)

351 — Mise au tombeau.

Dessin à la plume, lavé de sépia.

CLÉEF (Jean Van)

352 — Réception d'un souverain, et lit de Justice.

Dessin à la plume, lavé d'encre de chine.

CORTONE (Pietro)

353 — Saints Religieux assistant à un Concile.

Beau dessin à la plume, lavé de bistre.

DONATELLO

354 — Etude de figures.

Beau dessin, d'une grande énergie d'exécution, à la plume, sur papier teinté (collection d'Aigremont).

FIORI

355 — Etude de fruits.

Dessin à la sanguine.

GANDOLFI

356 — Jésus et la femme adultère.

Beau dessin à la plume, lavé de sépia (collection d'Aigremont.

LE GIORGION (BARBARELLI GIORGIO)

357 — Intérieur d'atelier.

Dessin à la plume, lavé de bistre.

GUAGLIO

358 — Triomphe d'Amphitrite.

Dessin à la plume, à la sanguine et lavé d'encre de Chine.

GUERCHIN

359 — Deux Religieux.

Très beau dessin à la plume, lavé de bistre (collection Vallardi).

GUERCHIN

360 — Moïse tenant les Tables de la loi.

Très-beau dessin à la sanguine (collection **Vallardi**).

361 — Saint Pierre délivré de prison.

Beau dessin à la sanguine (collection Vallardi).

362 — Etude de femme.

Beau dessin à la sanguine (collection Vallardi).

363 — Ange en adoration devant le Christ mort.

Dessin aux deux crayons (collection Vallardi).

364 — La Sainte Famille.

Dessin à la sanguine sur papier teinté (collection Vallardi).

365 — Adoration des Mages.

Dessin à la plume, lavé de bistre (collection Vallardi).

366 — Etude de figures.

Dessin à la pierre noire (collection Vallardi).

INCONNU

367 — Miniature tirée de l'Histoire ancienne.

LIBÉRI (Piétro)

368 — L'Annonciation à la Vierge.

Dessin lavé de bistre.

LUCATELLI (Pierre)

369 — Rivière traversée par un pont.

> Dessin au crayon noir, rehaussé de blanc, sur papier bleu.

NOVELLI (Pietro de)

370 — Saint Sébastien.

> Dessin à la sanguine.

PALME (École de)

371 — Moïse sauvé des eaux.

> Riche composition pour tapisserie, dessin rehaussé d'aquarelle.

LE PARMESAN

372 — Rinceaux d'ornements accompagnés de figures.

> Très-beau dessin à la plume, lavé de bistre et rehaussé de blanc, gravé par Bonasonne (collection Mouriau).

373 — Etude de figures.

> Dessin à la plume (collection d'Aigremont).

PASSIGNANI

374 — Famille de paysans en marche.

> Dessin à la plume, lavé d'encre de Chine.

PENNI (Francesco), élève de Raphaël

375 — Saint Evêque couronné par des anges.

Dessin à la plume, lavé de bistre.

PERUZZI (Balthazar)

376 — Adoration des Rois Mages.

Très-beau dessin à la plume, lavé de bistre.

POLIDORE (de Caravage)

377 — Sujet tiré de la Bible.

Dessin à la plume, et au bistre.

LE POMERANCE

378 — Ange sur des nuages.

Dessin à la plume lavé de bistre.

LE PONTORME

379 — La Vierge et l'Enfant Jésus entourés de Prophetes.

Dessin à la plume (collection Thomas Hudson, J. Reynolds, Kaieman et d'Aigremont).

ROSA (Salvator)

380 — Repos de soldats près d'une ruine romaine.
>Dessin à la plume, lavé de sépia.

ROSSO (Le)

381 — Rinceaux d'ornements.
>Superbe dessin à la plume, lavé de sépia (collection d'Aigremont).

SOLIMÈNE

382 —La Sainte Famille.
>Dessin à la plume, lavé de bistre.

383 — Antoine et Cléopâtre.
>*Fac simile* d'un dessin à la plume lavé d'encre.

STEPHANE (Della Bella)

384 — L'Enfance de Bacchus.
>Très-joli dessin à la plume, (collections Dijonval, Woodburn et Gasc).

LE TITIEN

385 — Paysages : sites Italiens.
>Trois dessins à la plume (collection Vallardi). (Seront divisés.)

TREVISANI

386 — Groupe d'Amours moissonneurs.

Joli dessin à la plume, lavé d'encre de Chine.

ÚDINE (Jean d')

387 — Le Jugement de Pâris.

Composition dans un cartouche où sont représentés les dieux les déesses de la Fable.

Magnifique dessin à la plume (collection Mouriau et d'Aigre mont).

VAGA (Perrin del) *et Polidor*

388 — Vases et ornements divers.

Deux beaux dessins plume et bistre sur la même feuille (c... lection d'Aigremont).

VERONÈSE (Paul)

389 — Mars et Vénus.

Très-joli dessin à la plume, lavé de bistre (collection d'Aigre-mont).

ZUCCARELLI

390 — Pâtre gardant son troupeau.

Très-beau dessin au bistre, rehaussé de blanc (collection Val-lardi.

ZUCCARELLI

391 — Paysage orné de jolies figures.
> Beau dessin à la plume, lavé d'encre (collection Vallardi).

392 — Paysage avec ruines, enrichi de figures.
> Joli dessin à la plume, lavé de sépia (collection Vallardi).

393 — Paysage avec femmes occupées à pêcher au bord
d'une rivière.
> Dessin à la plume, lavé d'encre (collection Vallardi).

ZUCCHÉRO (Thadée)

394 — Entrée de l'empereur Charles-Quint à Rome;
Et au verso, Entrevue du Pape et de Charles-
Quint.
> Deux dessins à la plume, lavés de bistre, gravés par Prenner
dans le palais Farnèse, à Caprarole (collection Vallardi).

ÉCOLE ESPAGNOLE

MURILLO

395 — Femme assise, tenant un enfant sur ses genoux.
> (Collection Gasc).

396 — Tête de jeune Femme. (Étude).
> Dessin au crayon noir (collection d'Aigremont).

RIBALTA (FRANCESCO)

397 Jésus donnant le baptême à un idolâtre.

> Beau dessin à la plume, lavé d'indigo et de bistre (collection Gasc).

VALDÈS

398 — Apparition du Christ et de la Vierge à saint François.

> Magnifique dessin à là plume, rehaussé de blanc (collection d'Aigremont).

ÉCOLE FLAMANDE

ANTONISSEN (H.-J.) Signé et daté

399 — Un Pâturage.

> Beau dessin à l'aquarelle.

BLOEMEN (VAN surnommé ORRIZONTE) (PIERRE)

400 — Paysage : site rocheux.

> Dessin à la plume, lavé d'encre de Chine.

DAEL (Van). AN VIII.

401 — Belle composition du maître.

> Tout le monde sait que Van Daël avait lithographié ce sujet d'une façon très-légère, et que de ces ébauches il faisait de véritables aquarelles gouachées.

DYCK (Van Antoine)

402 — Projet de bénitier. Ecusson supporté par des Amours.

> Beau dessin à la pierre noire, rehaussé de blanc, sur papier bleu (collection d'Aigremont).

403 — Projet de portrait équestre.

> Dessin à la pierre noire, rehaussé de blanc, sur papier teinté.

FYT (Jean)

404 — Chasseur au repos; près de lui, se trouvent plusieurs pièces de gibier.

> Dessin au crayon et à la plume (collection d'Aigremont).

HUPE (Van)

405 — Paysage avec figure.

> Dessin à l'aquarelle.

VAN DER MEULEN (Signé et daté 1743)

406 — Le roi Louis XIV entouré de ses aides-de-camp.

Beau dessin à la sanguine (collection d'Aigremont).

407 — Dessin d'après nature.

A la pierre noire, rehaussé de blanc.

NOORDE (Van)

408 — Entrée de forêt, près d'un couvent en ruine, ornée de figures.

Beau dessin à l'aquarelle.

409 — Sortie de forêt, près de laquelle se trouve une chaumière où sont attablés quelques buveurs.

Pendant du précédent.

TENIERS fils (David)

410 — Fêtes flamandes.

Deux jolis dessins à la plume (collection Woodburn et Gasc).

411 — Tentation de saint Antoine.

Dessin au crayon noir (collection Woodburn et Gasc).

THULDEN (Van)

412 — Des jeunes filles regardant une statue.

Joli dessin à la plume, lavé de bistre et rehaussé de blanc, sur papier gris (collection des Médicis et d'Aigremont).

VOS (Martin de)

413 — L'Abondance, composition allégorique.

Beau dessin à la plume, lavé de bistre (collection d'Aigremont)·

ÉCOLE HOLLANDAISE

BARBIERS (P.)

414 — Paysage avec figures.

Beau dessin à la gouache.

BARTHOLOMÉ (Breemberg)

415 — Reddition d'une ville forte..

Beau dessin à la plume, lavé de sépia.

BEGYN (Abraham)

416 — Repos de paysans à la porte d'une chaumière.

Joli dessin à la plume.

BOTH (Jean)

417 — Le Passage d'un gué.

Très-beau dessin à la pierre noire, lavé d'encre de Chine (collection d'Aigremont).

BOTH (Jean)

418 — Beau paysage.

> A la plume, lavé d'encre.

CUYP (Albert)

419 — Chevaux de selle tenus par un page et un valet
d'écurie.

> Beau dessin au pinceau, lavé d'encre de Chine (collection
d'Aigremont).

420 — Le Manége.

> Très-beau dessin à la plume, lavé d'encre de Chine.

DOËS (Vander)

421 — Un Berger conduisant son troupeau sur le bord
d'une grande route.

> Joli dessin à la plume, lavé de bistre (collection d'Aigremont).

DUCQ (J. Le) Signé

422 — Réunion de musiciens.

> Dessin crayon et bistre.

FERSTEEG

423 — Fête à la déesse Flore.

> Dessin capital à la plume, rehaussé d'aquarelle.

GEBAUER

424 — Champ de courses.

>Dessin au pinceau, lavé d'encre de Chine.

425 — Canal glacé

>Pendant du précédent.

GOLTZIUS (Henri)

426 — Mercure tuant Argus.

>Dessin au bistre, rehaussé blanc.

427 — La Religion terrassant l'Hydre de l'erreur.

>Dessin à la plume.

428 — Ange tenant à la main une couronne d'épines.

>Dessin à la plume, lavé de bistre, sur papier teinté.

429 — Tête de femme.

>Croquis à la plume, lavé de sépia.
>
>Au verso, se trouve une tête d'ange.
>
>Dessin à la plume.

430 — Saint Jean prêchant dans le désert.

>Dessin à la plume, lavé de bistre.

GRIFFIER (J.)

431 — Vue prise au bord du Rhin.

>Dessin à la plume, lavé de bistre.

HANSEN (C.-L.)

432 — Vue prise aux environs de Haarlem.

Dessin à la plume, lavé de sépia.

HOOGE (ROMAIN DE)

433 — Ville maritime.

Dessin à la plume, lavé d'encre de Chine.

HUGTEMBURG

434 — Une Bataille.

Très-beau dessin au pinceau, lavé d'encre.

HUYSUM (JEAN VAN). Signé

435 — Vase de fleurs.

Superbe dessin au pinceau, lavé d'encre de Chine (collection Tondu).

436 — Vase de fleurs.

Magnifique gravure à la manière noire, d'après le Maître.

LANGENDYK (Signé et daté 1774)

437 — Le Retour de chasse.

Belle composition à l'aquarelle.

438 — Cavaliers escortant un fourgon.

Dessin lavé d'encre de Chine (un des plus précieux qu'ait produit ce maitre).

LANGENDYK

439 — Une Halte de chasseur.

Signé et daté 1773.

LEYDE (Lucas de)

440 — Le Christ sur la croix.

Beau dessin à la plume (collection Gasc).

LOO (Pierre Van).

441 — Entré de ville.

Beau dessin à l'aquarelle.

MAAS

442. — Intérieur de forêt avec figures.

Très-joli dessin, lavé d'encre de Chine.

MAAS (Nicolas)

443. — Huit Portraits de femme.

Dessins au lavis d'encre de Chine.

VAN MIERIS (Signé et daté)

444 — Diane à la chasse, et Phaéton conduisant le char du soleil.

Deux précieux dessins au pinceau, lavé d'encre de Chine (collection d'Aigremont).

MOLYN (PIERRE). Signé et daté 1655

445 — Paysage avec figure.

Dessin à la pierre noire et lavé d'encre de Chine (collections Thomas Laurence, William Esdaile et Woodburn).

446 — Charrette traversant un village.

Dessin crayon et bistre.

OSTADE (ADRIEN VAN)

447 — Scène d'intérieur de cabaret.

Dessin au pinceau, lavé de bistre.

448 — Musiciens au cabaret.

Dessin à la plume, lavé de sépia, d'une grande vigueur.

449 — Scène d'intérieur. — Fumeur assis causant avec une servante.

Dessin plume et lavis d'encre (collection H. Lassale).

450 — Paysans jouant aux cartes sur un tonneau.

Charmant petit dessin à la plume, lavé d'encre (collection d'Aigremont).

OSTADE (Adrien Van)

451 — Paysans en goguette.

A la plume lavé d'encre.

POTTER (Paul)

452 — Vaches et moutons au pâturage.

Très-beau dessin à la pierre d'Italie, signé et daté 1648 (collection d'Aigremont).

REMBRANDT (Van Ryn)

453 — Le Retour de l'enfant prodigue.

Dessin à la plume, lavé de bistre (collection d'Aigremont).

454 — Un Philosophe en méditation.

Très-joli dessin à la plume (collections Joshua, Reynolds, W. Esdaile et d'Aigremont).

SMAK GREGOOR (G.). Signé

455 — Paysage avec animaux s'abreuvant près d'une ferme.

Joli dessin à la plume, lavé d'encre.

SCHOUMAN (Martin)

456 — Marine.

Dessin à la plume, lavé de bistre et d'encre de Chine.

SOEKERES (H.)

457 — Marché devant une hôtellerie.

Beau dessin à la plume, lavé d'encre.

SOUKENS (H.)

458 — Monuments en ruines, avec de jolies figures.

Beau dessin à la plume, lavé d'encre.

STEEN (Jean)

459 — Etude de figure.

Dessin au crayon noir, rehaussé de blanc, sur papier teinté.

STRY (J. Van)

460 — Animaux au pâturage.

Beau dessin au lavis, rehaussé d'aquarelle (collection d'Aigremont).

SWANEVELT (Herman)

461 — Paysage avec figures.

Superbe dessin à la plume, lavé de sépia (collection d'Aigremont).

462 — Entrée de bois; paysage avec figures.

Beau dessin à la plume, lavé d'encre.

ULFT (Van der).

463 — Jésus devant Pilate et le Christ à la colonne.

> Deux très-beaux dessins à la plume, lavés d'encre (collection d'Aigremont).
> Signé et daté 1652.

VELDE (Adrien Van de)

464 — Vaches et Moutons au repos.

> Très-beau dessin à la plume, lavé d'encre (collection d'Aigremont).

465 — Une Bergerie.

> Charmant dessin à la pierre d'Italie, signé et daté 1656 (collection d'Aigremont).

VELDE (Guillaume Van de)

466 — Une Marine.

> A la plume, lavé d'encre (collection d'Aigremont).

467 — Une Marine.

> Très-beau dessin à la plume, lavé d'encre (collection Kaieman et d'Aigremont).

VERKOLIE (N.)

468 — Un Tripot.

> Dessin à la plume, lavé d'encre (collection Goult de Saint-Germain et d'Aigremont).

WATERLOO

469 — Entrée d'une forêt.

Beau dessin à la pierre noire, rehaussé de blanc, sur papier bleu (collection d'Aigremont).

470 — Pont rustique à l'entrée d'un bois.

Beau dessin à la pierre noire, lavé de sépia et rehaussé de blanc.

WYNANTS

471 — Intérieur d'une forêt.

Très-beau dessin au pinceau, lavé d'encre (collection d'Aigremont).

ZÉEMAN

472 — Marine : gros temps.

Dessin à la plume, lavé de bistre et rehaussé de blanc.

ÉCOLE ALLEMANDE

BAUR (Wilhem)

473 — Choc de cavalerie et ville incendiée.

Beau dessin à la gouache (collection d'Aigremont).

FERG (Paul)

474 — Deux Paysages.

Jolis dessins à la plume, lavis et bistre.

FREUDEBERG

475 — Les Amants surpris.

Très-beau dessin à la plume, lavé d'aquarelle. Il a été gravé (collection Tondu).

476 — Le Lever.

Charmant dessin à la plume, lavé d'encre de Chine.

LUTHERBURG

477 — Le jeune Pâtre.

D ssin au crayon, lavé de sépia.

MEILING

478 — Entrée de ferme, avec figures et animaux.
Dessin à la plume et lavé d'encre de Chine.

QUERFURT

479 — Campement au bord d'une rivière.
Gouache.

480 — Sortie du camp.
Pendant du précédent.

ROTTENHAMER

481 — Triomphe de Vénus et de l'Amour.
Dessin à la plume, lavé d'encre et rehaussé de blanc.

SCHULTZ (de Francfort)

482 — Vue des bords du Rhin ; paysage orné de figures.
Beau dessin à la gouache.

483 — Vue des bords du Rhin, paysage orné de figures.
Pendant du précédent.

SOLIS (Virgilius)

484 — Scène de mœurs.
Miniature sur vélin.

TOPFFER

485 — Vue prise en Italie.

    Très-beau dessin, lavé de sépia.

486 Entrée d'un couvent en Italie.

    Superbe dessin, lavé do sépia.

WEIROTTER (Signés

487 — Entrée de forêt, avec figures.

    Très-beau dessin au bistre, rehaussé de blanc.

488 — Site montagneux, orné de jolies figures.

    Très-beau dessin au bistre, rehaussé de blanc.

ZINGG (Signé et daté 1764)

489 — Paysage avec figures.

    Joli petit dessin au pinceau, lavé d'encre de Chin

ÉCOLE ANGLAISE

490 — Campement de soldats anglais.

    Beau dessin à la plume, lavé d'aquarelle.

491 — Vue de Londres.

    Aquarelle.

WYLD

492 — Église gothique.

Aquarelle.

493 — Sous ce numéro, seront compris les dessins des
Écoles Française, Italienne, Espagnole, Fla-
mande, Hollandaise et Allemande non cata-
logués.

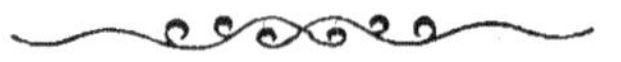

Renou et Maulde, Imprimeurs de la Compagnie des Commissaires-Priseurs,
rue de Rivoli, 114.   21765